Docteur G.-J. WITKOWSKI

AUTOBIOGRAPHIE

1880

—

PARIS. 1917

Fig. 1. — Dr Witkowski (1905).

Docteur G.-J. WITKOWSKI

Notes sans portée.

Mieulx vault vroy en peu de parolle
Que mensonge en grand parabolle.

NAISSANCE. FAMILLE. — WITKOWSKI, Joseph-
Alphonse, né — pas coiffé — à Nevers, le 20 mars,
avec le printemps de 1844, la même année que
Sarah BERNHARDT et Anatole FRANCE, mais sans rien
des dons naturels de la grande comédienne ni de
l'illustre écrivain.

A titre de renseignement peu connu, le KI terminal
de notre nom — et non pas KY syllabe qui se pro-
nonce *Keu* en polonais — est un signe de noblesse,
l'équivalent de la particule française. Un polonais,
dont le nom se termine en KI, commet donc un pléo-
nasme s'il le fait précéder de la particule. Nous avons

Fig. 2, 3.

toujours fait si peu de cas de cette marque nobiliaire
que, pour éviter à notre nom d'être écorché, nos premières cartes de visite (fig. 2) portaient : M. WIT-
KOWSKI, *lisez : Gustave*, sous-entendu le *Bon sujet*.
C'était le nom que notre mère avait adopté pour le
même motif.

Notre père, condamné à mort par contumace et
privé de ses biens, pour avoir accompli ses devoirs
de patriote, se réfugie en France après la Révolution
de 1830 et reprend, *ab ovo*, ses études médicales
(fig. 4), près la Faculté de Montpellier, où il se fait
recevoir docteur, en 1835[1].

Il passe sa thèse de doctorat (n° 142) sur la *Symp-
tomatologie et diagnostic de l'endocardite et de ses
terminaisons*. Nous y relevons l'énumération de ses
modestes titres d'étudiant :

Bachelier ès lettres et ès sciences. — Ex-élève de l'Ecole
pratique d'anatomie et d'opérations chirurgicales. — Membre
de la Société médico-chirurgicale. — Envoyé par la Faculté
de Montpellier à Aix (Provence) et chargé par les autorités
administratives d'un service public de santé dans cette ville
pendant le choléra, *etc*.

1. Il soutint sa thèse, sans doute revêtu, selon l'usage, de la
robe de RABELAIS, « laquelle », dit ASTRUC, dans la première moitié
du XVIIIe siècle, « était coupée furtivement par les étudiants, qui
en emportaient quelques lambeaux, ce qui obligeait à la renou-
veler de temps en temps; » à la façon du couteau de Jeannot.

Pour son dévouement, lors de cette épidémie, il reçut du gouvernement de Louis-Philippe une médaille de bronze, le seul souvenir précieux qui nous reste de notre père[1].

Marié à Clamecy (Nièvre), il s'établit à Nevers,

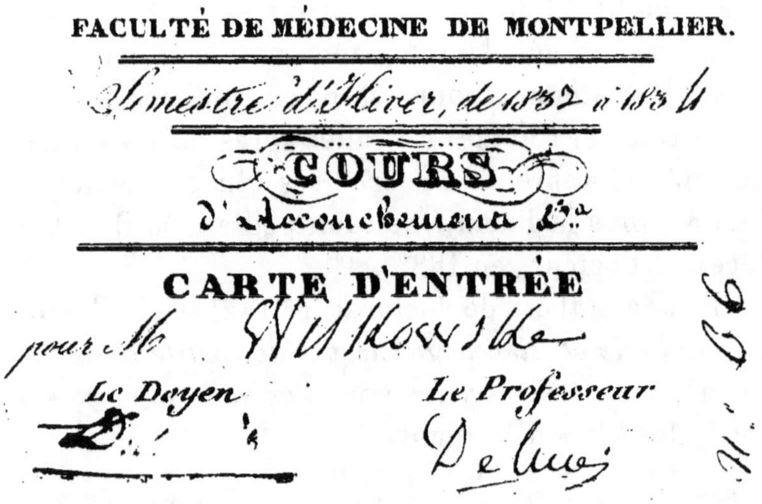

FACULTÉ DE MÉDECINE DE MONTPELLIER.

Fig. 4.

où nous naquîmes, pour notre malheur et celui de bien d'autres. Quelques jours après être sorti du néant, où l'on aurait bien dû nous laisser, notre père eut la malencontreuse idée de réclamer une petite somme qu'il avait prêtée à un soi-disant ami. Celui-ci,

1. Nous l'avons offerte au musée de la *Société de l'Histoire de la Médecine.*

en témoignage de reconnaissance, l'accabla de vifs reproches, puis l'assomma d'un coup de pierre à la tête. Cette fin tragique confirme l'aphorisme de la sagesse des nations : « Un bienfait n'est jamais perdu. »

Telle fut la récompense d'une vie de travail, de déboires et de probité, contredisant, une fois de plus, cet on-dit proverbial : « La vertu est toujours récompensée. » Nous n'avons jamais vu triompher que le vice et l'astuce.

La malchance qui poursuivit notre père fut le seul héritage qu'il nous laissa ; aussi, pouvons-nous répéter, après le TASSE, né juste trois cents ans avant nous, en 1544, dans le même mois de mars : « Mes malheurs ont commencé avec ma vie. » La mort prématurée de notre père et notre naissance intempestive justifient le proverbe russe : « Les malheurs vont par troupe, » proverbe conforme à la remarque d'un des personnages de *Fleur d'oranger* : « Les malheurs, c'est comme les jumeaux ; ils ne viennent jamais seuls ! »

Après nous avoir nourri de son lait, notre mère vint à Paris et acquit le fonds de l'hôtel des Messageries, occupé actuellement par l'Ecole professionnelle des Instituteurs, rue Montmartre, 47. Au cœur de la capitale, nous devînmes un franc « gamin de

Paris » ; nous le sommes resté, et les critiques d'art
et de littérature, — dont l'un des graves *Débats*, —
qui nous ont appliqué les étiquettes de « Gavroche
de l'archéologie » et d'« Hilaire-le-Gai de la Médecine, » sont dans le vrai.

Mais, qu'importe à Sirius ces détails de famille....
Qu'il suffise de savoir, qu'après un second mariage
avec celui auquel l'inégalité de fortune l'empêcha de
s'unir la première fois, notre mère mourut d'un
cancer, nous donnant un demi-frère qui partagea
avec nous le modique patrimoine maternel et, plus
tard, hérita seul des millions de son père. Voyez
à quoi tient la destinée des « pas de chance » : si
notre mère avait suivi la loi commune, elle eût sur-
vécu à son mari (car il n'y a pas de veufs mais des
veuves, les bons s'en allant les premiers) et nous
aurions partagé trois millions avec notre frère utérin ; mais, descendant d'Atrée, notre filon de déveine
eût été interrompu.

Le mariage de notre mère avec un entrepreneur
de travaux publics nous avait fait entrevoir dans la
bâtisse — « Que c'est comme un bouquet de fleurs ! »
— un avenir de tout repos ; mais, bientôt — beau-
fils et orphelin — une séparation fut nécessaire et,
nouveau Jérôme Paturot, nous nous mîmes à la
recherche d'une position sociale.

Nous courons d'avatar en avatar. Nous fondons divers périodiques éphémères, sous les pseudonymes de Fortunio et de Clam : la *Revue joyeuse*, la *Fantaisie*, les *Ficelles parisiennes,* les *Théâtres en maillot*, etc.

Associé peu de temps avec le photographe G. Numa, nous prenons ensemble la direction du théâtricule de la rue Latour d'Auvergne, où débuta la petite Duhamel dans *La Fille mal gardée*, avant d'interpréter, au Vaudeville, Fanfan Benoiton de la *Famille Benoiton*, qui fit courir tout Paris. Jamais nous n'avons usé de nos prérogatives de directeur pour entrer dans l'intimité des actrices; nous nous contentions de faire de piquantes études de mœurs, comme dans nos autres professions.

En vue de l'avenir, nous sollicitons un emploi sérieux à la Compagnie du chemin de fer du Nord, sous la protection... lointaine de l'ingénieur P.... Après avoir subi les épreuves écrites, on nous informa qu'admis, nous n'avions plus qu'à attendre une place vacante. Nous voici à la fin de 1916, et nous « attendons » depuis cinquante-trois ans; que serait-ce si nous n'avions pas été « pistonné » par un fonctionnaire influent? Ce qui ne nous empêcha pas, en dépit des protections pour rire, et grâce à un habile mouvement *tournant* effectué au *tournant*

principal de notre vie, d'être nommé médecin de la
dite Compagnie, aux ateliers d'Ermont (S.-et-O.).
Nous finîmes par où nous aurions dû commencer,
en nous décidant à embrasser, sur le tard, la profession paternelle; il nous fallut passer sous les fourches
caudines des deux baccalauréats, après avoir été
brouillé plusieurs années avec le grec et le latin —
rude labeur — et, en 1872, nous sommes enfin reçu
docteur en médecine de la Faculté de Paris :
D. M. P. (*Dat Mortem Paucis*); notre père, en sa
qualité de médecin de Montpellier, signait ses
ordonnances : D. M. M. (*Dat Mortem Multis*).

Le lendemain même de notre réception, nous nous
installions à Franconville, où nous fûmes condamné
à seize ans de travaux forcés comme médecin de
campagne, sans avoir pris, jusqu'à la fin de notre
carrière, un seul jour de vacances. Le lendemain de
notre mariage, — autres galères, — en guise de
voyage de noces, nous reprîmes nos tournées journa-
lières, mais n'anticipons pas.

Après avoir tué huit chevaux sous nous, — Napoléon Ier n'aurait pu en dire autant, — nous prenions
le parti de venir vivre en vieux garçon à Paris, dans
la Babylone moderne, la capitale du monde syphilisé,
dominé par le mont Vénérien; le paradis de Maho-
met après l'enfer professionnel et conjugal.

Pour nous mettre un fil à la patte, le conseil municipal de notre localité nous fit l'honneur de nous élire maire à l'unanimité, laissant entrevoir la possibilité de décrocher, tôt ou tard, le ruban rouge, qu'un confrère voisin, simple officier de santé, venait de recevoir, comme maire de sa commune. *Timeo Danaos....* Nous partîmes néanmoins; comme HIPPOCRATE, nous refusions les présents D'ARTAXERXÈS. Au vrai, nous ne regrettions que les excellentes poires de la localité, soit dit sans allusion aux habitants qui, n'entendant qu'un son de cloche et s'en rapportant à des commérages de gens tarés — surtout la fille d'un mendiant — dont les visées étaient de prendre notre place, nous firent une réputation, laquelle, à défaut du vindicatif Commandeur, eût fait « mourir » de rire don Juan lui-même. *Vox populi, vox Dei!* Inclinons-nous devant la fausseté criante de cet adage et pensons à la réflexion autrement juste de Renan : « Ce qui donne le mieux l'idée de l'infini, c'est la bêtise humaine, » et ajoutons, de la méchanceté de l'espèce dite humaine.

En 1905, le filon de la *déveine* des Atrides reparaît sous forme d'affection grave *des veines* des membres inférieurs : une phlébite grippale alternante, dite à bascule, double, très rare, nous ayant

coupé les jambes, nous nous retirions des affaires —
non pas après fortune faite.

Sachant qu'on ne doit jamais montrer le fond de
sa bourse ni le fond de son cœur, nous répondions
aux chers confrères qui nous croyaient riches, qu'effectivement nous allions vivre de nos rentes dont le
taux variait suivant la tête verjutée que nous nous
payions : mieux vaut faire envie que pitié. Au vrai,
notre premier loyer à Paris, en 1887, était de
2.400 francs; il fut réduit sans cesse pour tomber à
490 francs, après avoir travaillé comme un quarte-
ron de nègres qui travaillent. *Et nunc erudimini.*

Entre temps, pour ne point nous singulariser, nous
convolâmes en justes noces, pendant l'année 1873,
sans prendre garde que ce millésime contenait
soixante-TREIZE présages néfastes. Et déjà, nous avions
refusé de nous fiancer à une jouvencelle, dont la
cassette avait de beaux yeux, mais dont le nom était
l'anagramme de *Tinette*, que son haleine malodo-
rante ne justifiait que trop. Passe encore la riche
dot, mais RICHER — quoique porte-bonheur — c'est
excessif! Et pourtant, à bien considérer, que sommes-
nous, belles dames comprises, sinon des tonneaux
de vidanges ambulants, des tinettes automobiles?

Suivent quatorze années de méditations profondes
et amères sur ce qu'on appelle, par euphémisme,

l'*union* conjugale, — allégorisée sur les murs des cathédrales par le « débat de la culotte, » — pour arriver à conclure, avec Pons, que

Rien n'est plus gai que la noce... d'un autre [1].

Grâce aux nombreux documents recueillis dans le cours de la première partie de notre vie consacrée à la recherche d'une profession, puis dans le cours de l'exercice de notre coupable industrie, nous prenons en grippe le monde qui ne vit que d'hypocrisies, de mensonges, de médisances et de calomnies, comme les cigognes vivent de serpents, sans qu'ils leur nuisent, selon la remarque judicieuse du cardinal de RICHELIEU. C'était assez pour nous convaincre — assoiffé de vérité et de justice comme don Quichotte — que nous n'étions pas sociable.

Nous rompions volontairement notre chaîne de fleurs (dans fleurs il y a fers ne l'oublions pas) matrimoniale, abandonnant l'aubaine, à brève échéance, de la direction d'une communauté d'un demi-million, — Louise Collet a raison, « la sauvegarde de la dignité humaine est dans le dédain de l'argent, » — avec l'engagement formel fait à soi-même de ne

1. « L'unique vers sublime, dit J. CLARETIE, des quatre volumes de ce poète. »

plus se fourvoyer dans la nasse du conjungo qui est
la liberté pour la femme, mais pour l'homme, un
poète du xive siècle l'a dit :

> Espionnage et cocuage
> Sont le revers de mariage.

Après avoir mené l'existence « d'un lièvre pour-
suivi, » tel le sort de BALZAC, nous sommes venu
nous terrer dans un trou à lapin de la rue St-Jacques,
notre point de départ.

Depuis, nous vivons, comme ABAILARD, retiré
dans notre Paraclet, avec un avant-goût du repos
éternel. Ainsi que DIDEROT, nous sommes « peu
fait pour la société; » nous ne savons pas « cette
langue froide et vide de sens qu'on parle aux indif-
férents. » Il n'y a plus guère que notre société qui.
ne nous ennuie point; de même CÉSAR n'était jamais moins seul que quand il était seul.

Répétons avec OVIDE : *Crede mihi; bene qui
latuit, bene vixit*; maxime que Florian utilise dans
Le Grillon :

> Pour vivre heureux, vivons cachés.

La caractéristique de notre caractère est précisé-
ment d'en manquer (de caractère, pour les abonnés
de la *C. M.*), ou plus exactement c'est l'originalité,

due sans doute à la dépression en coup de marteau
— mieux vaut être « marteau » qu'enclume — de
notre pariétal droit, évident sur le tracé du confor-
mateur de notre chapelier (fig. 3). Le médiocre déve-
loppement de la région frontale serait, pour un
phrénologue clairvoyant, l'indice d'un intellect plutôt défaillant, ce qui expliquerait une bonté excessive côtoyant la bêtise.

Notre maxime favorite est celle de l'abbé de SAINT-
PIERRE : « Donner et pardonner. » Un ami de cin-
quante ans, à qui nous ne pouvions plus prêter ou
mieux donner d'argent, ne se privant de rien et pas-
sant pour généreux... avec la bourse des autres,
nous traita d' « homme d'argent », d'Harpagon. Il
avait raison, le noble cœur, qui nous a souvent rap-
pelé la boutade de LOCKROY, visant Camille PELLE-
TAN : « Ce sont les longues amitiés qui font les
bonnes rancunes. » Effectivement, nous sommes
avare, mais envers nous-même ; souventes fois,
nous nous sommes privé du nécessaire pour sub-
venir au superflu des autres, par suggestion du
manteau de saint MARTIN et du *Petit manteau bleu.*

> Nous ne connûmes bien tout le prix de l'argent
> Que lorsqu'il nous manqua pour aider l'indigent.

Si les horticulteurs sont embarrassés pour dénommer une poire colossale, qu'ils lui donnent notre nom; ils ne peuvent faire une meilleure application.

Qu'importe après tout! Pourvu qu'au soir de la vie on ait bien juste le pain et l'habit assurés, *victum et vestitutum.*

La clef de notre caractère est la timidité, par défaut de mémoire, — sauf celle du cœur. La crainte de rester court paralyse notre cerveau, comme chez l'une des maîtresses de MONTESQUIEU : « Elle marche assez bien, disait-il, mais elle boîte sitôt qu'on la regarde. » Cette timidité quasi morbide, jointe aux nausées provoquées par l'émétique social, nous a poussé vers la misanthropie de Montbron ou d'Alceste.

Quant à notre mysogynie intransigeante, elle est la conséquence naturelle de notre joyeuse misanthropie et aussi des rapports mondains ou autres que nous avons eus avec le sexe qui passe son temps à se démêler et à emmêler l'écheveau de la vie de l'homme, écheveau que les Parques ont mission de trancher. Nous avons maintes fois anatomisé virtuellement l'encéphale et le cœur du sexe à horizon et à raison bornés. Dans le premier, nous n'avons trouvé que du vide, — bien que la nature en ait horreur, — et des vipéreaux tapis dans les replis de l'autre viscère, confirmant ce distique réaliste peu connu, mais qui mérite de l'être :

> Si dans le cœur de l'homme un vil cochon sommeille,
> Dans le cœur de la femme une vipère veille.

N'est-ce pas le corollaire de la maxime du psalmiste : « Méfie-toi de la femme, tôt ou tard elle te trahira, » d'où l'auteur du *Misanthrope* a tiré cet axiome sévère mais juste :

> Une femme a toujours une vengeance prête.

Ce qui ne nous a pas empêché, dans notre prime jeunesse, à l'âge des illusions et de l'inexpérience, de subir la griserie troublante des charmes féminins, l'aiguillon irrésistible qui nous pousse instinctivement à la reproduction de l'espèce, notre *seul but* sur la terre, aux vues de l'ingénieux et malicieux Père Eternel. A malice, malice et demie. Par scrupule de conscience et crainte de conséquences possibles, nous n'accordions nos faveurs, le *dignus est intrare*, qu'aux postulantes qui avaient fait preuve de stérilité. Condition *sine qua non*, que nous appliquions avec rigidité, suivant une formule de raffinement théorique tout spécial.

Cette théorie, reproduite dans une comédie du théâtre de la Renaissance, les *Passagères*, et pour laquelle nous revendiquons la priorité, est la suivante : L'idéal féminin que l'homme poursuit vise à rencontrer une compagne qui lui procure la triple satisfaction des sens, de l'esprit et du cœur. Comme ce merle blanc est introuvable, il faut, en dépit de la morale bourgeoise, prendre trois femmes possédant chacune l'un de ces desiderata. Ne criez pas au scandale : en réalité, une seule de ces trois Grâces humaines fait trépider les sens; il n'y a comme dans chaque sérail qu'une favorite.

Malgré tout, malgré la maladie — compagne fidèle — malgré la femme — compagne moins fidèle — qui nous ont rendu grognonnant, misogyne et quelque peu misanthrope, nous avons cette consolation de n'avoir jamais envié — *video nec invideo* — les livrées du succès et d'avoir aimé vraiment aimé notre indépendance....

> Je vous en dirois davantage
> May qui trop parle n'est pas saige.

PRODUCTIONS PARA-LITTÉRAIRES ET PARA-SCIENTIFIQUES[1]. — On trouvera notre bibliographie en tête

---

1. La Bibliothèque Sainte-Geneviève possède notre œuvre de compilation et de vulgarisation au complet. Voir aussi le *Grand dictionnaire universel de* LAROUSSE, 2ᵉ supplément.

du *Nu au théâtre*, avec la collaboration du Dr Lucien Nass, 2e édition.

RÉVEILLE-MATIN EXPLOSIF ET CARILLONNEUR. — Cet appareil est notre première élucubration, publiée dès 1861. Son prix modique fit écouler rapidement la vente des mille exemplaires tirés. C'est une curiosité scientifique rappelant le clepsydre des anciens, plutôt qu'un appareil usuel. Le vacarme, qu'il produit à l'heure matinale du déclanchement, répand une terreur telle chez les voisins, que ceux-ci exigent soudain l'expulsion d'un locataire aussi bruyant. C'est le désagrément que nous eûmes à subir à notre premier et dernier essai. Pour l'utiliser en tout repos, il est donc nécessaire d'occuper une habitation isolée, au fond des bois; difficulté qui a nui à la vulgarisation de cet appareil, au grand dam du progrès, auquel une sensibilité auditive excessive a coupé les ailes.

Nota bene. Les mélomanes pourront remplacer l'artillerie en chambre et la sonnerie débridée d'une rôtissoire par une boîte à musique, procurant aux locataires du voisinage la surprise d'airs mélodieux.

Divertissements scientifiques

RÉVEILLE - MATIN A LA PORTÉE DE TOUTES LES BOURSES

par Mr GUSTAVE WITKOWSKI

RÉVEILLE-PÉTARD

1° Principes mis en application

1° Syphon
2° Capillarité
3° Propriété que possède le mélange de 1 gramme de chlorate de potasse avec 2 grammes de soufre de s'enflammer dans l'acide sulfurique

2° Description de l'appareil.

S   Syphon capillaire
V   Vase rempli d'eau jusqu'à un niveau K
C   Chlorate en terre cuite percé en Z, communiquant avec T

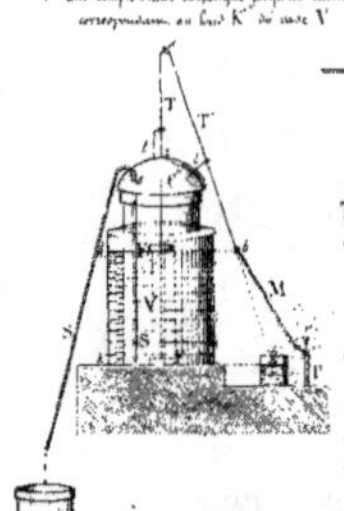

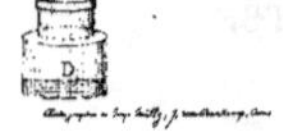

RÉVEILLE-ROTISSOIRE

Principes mis en application

1° Syphon
2° Capillarité
3° Corps flottants
4° Emploi de la sonnerie de la rôtissoire

Description de l'appareil.

V S K K'   Mêmes parties de la 1re figure
D   Réservoir

Traitement préventif de la fièvre puerpérale. — Avec Fioupe, Komorowski, Charpentier, *etc.*, nous considérions cette maladie, non pas comme une affection d'un caractère spécifique, mais analogue à la septicémie chirurgicale : depuis, il a été démontré que son agent pathogène est celui de l'érysipèle, le streptocoque de Fehleisen. Notre esprit simpliste assimilait la plaie de l'utérus à celle d'un blessé et, dès 1868, nous imaginions de pratiquer à l'hôpital Saint-Antoine, deux fois par jour, aux parturientes du service de Lorrain, et avec son autorisation, des injections phéniquées intra-utérines, à l'aide d'une sonde en argent à double courant, dont nous confiâmes la fabrication à Charrière, sur notre maigre budget d'étudiant. Mais, le métal — précieux alors — tenta quelque subalterne du service et bientôt les injections antiseptiques cessèrent faute d'injecteur.

Nous ne revendiquons pas moins l'idée première de cette antisepsie prophylactique, que nous appliquâmes par la suite dans notre clientèle[1] et qui nous

---

1. Nous ordonnions des injections au sublimé, à jet discret, quinze jours environ avant l'accouchement (alors que le *museau de tanche* était fermé, car la femme, privilégiée en tout, a deux museaux et quatre trompes) et des injections phéniquées, après la délivrance, pendant trois semaines. Nous avons vu maintes fois, chez de nouvelles accouchées, des confrères ou des sages-

permit, sur un millier (1003) d'accouchements, pratiqués *secundum artem*, de n'avoir eu à enregistrer aucune suite fâcheuse d'infection, pas la moindre *phlegmatia alba dolens*.

La nouvelle école a supprimé les injections, même vaginales, à la suite d'intoxications mortelles par le sublimé, accidents qui ne se seraient point produits si l'on avait pris la simple précaution de faire asseoir les accouchées après chaque injection et si l'on avait substitué, *post partum*, à cet insidieux toxique

femmes injecter dans le vagin un litre de solution de sublimé; une faible quantité de liquide revenait dans le bassin, sans attirer autrement leur attention, et ils allaient se retirer, quand nous leur signalions le danger, les engageant à faire asseoir leur cliente qui vidait aussitôt sa matrice accapareuse, au museau béant et avide. Ce *modus faciendi* — qui évoque l'œuf de Christophe Colomb — n'étant pas indiqué dans les traités ni les manuels d'obstétrique, nombre d'accoucheurs n'y songeaient point (le plus souvent, heureusement, les mouvements nécessités par le changement de linge et la toilette suppléaient à cette négligence); de là, les accidents qui ont fait rejeter l'usage des injections antiseptiques, auxquelles nous sommes resté fidèle.

Pour puérile qu'elle paraisse, cette remarque est des plus importantes. En voulez-vous la preuve? Un de nos tocologues en renom nous a confié qu'il avait eu le malheur de perdre, par intoxication mercurielle, après des couches normales, une jeune américaine, venue en France pour être accouchée par lui. Si cet accident est arrivé à une célébrité, par omission de recommander à sa garde de faire asseoir l'accouchée après chaque injection, pensez au nombre de victimes qui doit être à l'actif des sages-femmes et des médecins.

l'acide phénique, qui révèle l'intoxication par l'émission d'urines noirâtres, indiquant qu'on doit suspendre son usage ou en diminuer la dose.

Loi d'hérédité. Il est généralement admis que les transmissions héréditaires sont croisées ou en raison inverse de la sexualité ; autrement dit : *les fils* héritent de la *mère* et les *filles*, du *père ;* mais celles-ci conservent, en outre, la mentalité propre à leur sexe qui prédomine et est uniforme, car *il n'y a qu'une femme*, le physique seul diffère.

Buffon est moins explicite et généralise en avançant que « les *enfants* tiennent de leur *mère* » et il se cite comme exemple, qui le fait rentrer dans la loi précitée : les *fils* principalement tiennent de leur *mère*[1].

---

1. Rappelons un exemple historique qui témoigne, une fois de plus, en faveur de cette loi. Le duc d'Angoulême, bâtard de Charles IX, épousa, en 1644, à l'âge de soixante-dix ans, pour Nar-guer la camarde, Françoise de Nar-bonne, âgée de vingt ans, et qui devint veuve dix ans après. « Cette veuve, fait observer A. Dumas, qui vécut jusqu'au 15 août 1715, devait présenter cet exemple, unique peut être dans l'histoire moderne, d'une bru mourant cent-quarante et un an après son beau-père. Selon toute probabilité, pareille chose n'était pas arrivée depuis les patriarches. »

En dehors de cette particularité curieuse, ce qui nous intéresse en l'espèce c'est que ce fils naturel, de tuberculeux avéré, vécut 76 ans, alors que son père Charles IX, mourut à 24 ans et sa mère, Marie Touchet, à 89 ans ; il tenait donc sa longévité de

Mais, ces conjectures ne nous paraissent justes qu'en partie. Certes, les enfants, filles ou garçons, peuvent tenir de leurs parents directs, père et mère, ascendants ou collatéraux, en tant que qualités ou tares physiques, psychiques, physiologiques et biologiques. Ainsi, Napoléon Ier, second fils de Lætitia RAMOLINO, n'hérita pas de sa mère : il est mort d'un cancer de l'estomac, comme son père, et c'est lui qui, de ses frères et sœurs, a vécu le moins longtemps. Autre fait qui vérifie cette hypothèse : notre mère est morte d'un cancer utérin, à 32 ans, et sa mère d'un cancer stomacal, à 52 ans, vingt ans après sa fille, exemple flagrant de legs morbide par anticipation. Or, la nouvelle école n'admet pas l'hérédité du cancer, pas plus que celle, encore plus évidente parce que plus fréquente, de la tuberculose, où les néoréformateurs ne voient que contagion! A cet égard, ces novateurs sont des adeptes attardés du *Médecin malgré lui* et peuvent anonner avec Sganarelle : « Nous avons changé tout cela. »

D'après les nombreuses remarques que nous avons faites — avant de connaître l'opinion de BURMEISTER sur l'hérédité croisée et qui la confirment

cette dernière, en vertu de la loi d'hérérité croisée. Au surplus, la survie de cette favorite est un audacieux pied de nez à l'adresse des contagionistes de la phtisie pulmonaire.

de tout point — nous devons modifier avec lui la
loi précédemment énoncée : « Les garçons premiers
nés ressemblent à leur mère ou au père de celle-ci,
les filles premières nées à leur père ou à la mère de
celui-ci. »

Pensez encore à la famille BONAPARTE : Joseph,
le fils aîné de Lætitia morte à 86 ans, est celui
de ses frères qui vécut le plus longtemps, 76 ans;
premier fils, il hérita de la longévité de sa mère.
Au contraire, NAPOLÉON, en sa qualité de second
fils, tint, non pas de sa mère, mais de son
père.

C'est ainsi que les garçons — surtout l'aîné —
peuvent sauter une génération et descendre de leur
grand-père paternel, parce que leur mère était héri-
tière directe de celui-ci et que les filles — surtout
l'aînée — peuvent de même tenir de leur grand'mère
paternelle, leur père ayant acquis de cette dernière
l'héritage qu'il peut leur avoir transmis. On com-
prend, de la sorte, que si le fils aîné ne tient pas de
sa mère ou si la fille aînée ne tient pas de son père,
l'un a des chances d'hériter de son grand-père
maternel et l'autre de sa grand'mère paternelle.
Nous pensions, répétons-le, avoir établi cette règle
d'hérédité croisée et son corollaire, quand au mo-
ment de mettre sous presse, nous les avons trouvés

formulés par Burmeister, dans l'ouvrage magistral de Delage[1].

Masticateur du cordon. — Lors de notre installation à Franconville (S.-et-O.), notre prédécesseur nous rapporta qu'il venait de perdre un nouveau-né par hémorragie du cordon ombilical, après chute de la ligature. Pour prévenir un semblable accident, nous pensâmes aux quadrupèdes femelles coupant le cordon de leurs petits en le mâchonnant, à la façon des écraseurs et des pinces hémostatiques qui sectionnent ou écrasent et obstruent le calibre des artères.

---

1. Consolons-nous : les grands esprits se rencontrent ! Il s'en est fallu de vingt-quatre heures que nous passions pour le geai paré des plumes du paon. Mais l'influence d'Atrée sur notre destinée nous refusa encore la satisfaction de cette découverte.

Toutefois, ajoutons un point essentiel, dont nous pouvons, cette fois, nous attribuer la priorité. Il faut tenir compte de la sexualité des fausses couches antérieures à la naissance du premier garçon ou de la première fille, qui passent alors au second rang et perdent le bénéfice de cette loi. C'est ce qui explique, le plus souvent, les faits exceptionnels où le premier fils ne ressemble pas à sa mère ni au père de celle-ci et ceux où la première fille ne ressemble pas à son père ni à la mère de celui-ci.

Inutile d'insister sur les ressemblances plus ou moins fortuites avec des familiers de la maison ou avec des voisins complaisants dans les cas d'adultère, assez nombreux, assurent les misogynes, surtout à partir du second enfant, ressemblances qui, par galanterie masculine ou rouerie féminine, ont été attribuées jadis à « un regard, un souffle, un rien » prolifiques, dues en réalité à des effets du toucher. *Palper contre palper* est devise de dame galante.

3

Nous fîmes pratiquer par un serrurier, M. Laporte,
le Charrière de la localité, une sorte de casse-noi-
settes à dents engrenées (fig. 5), pour mâchonner

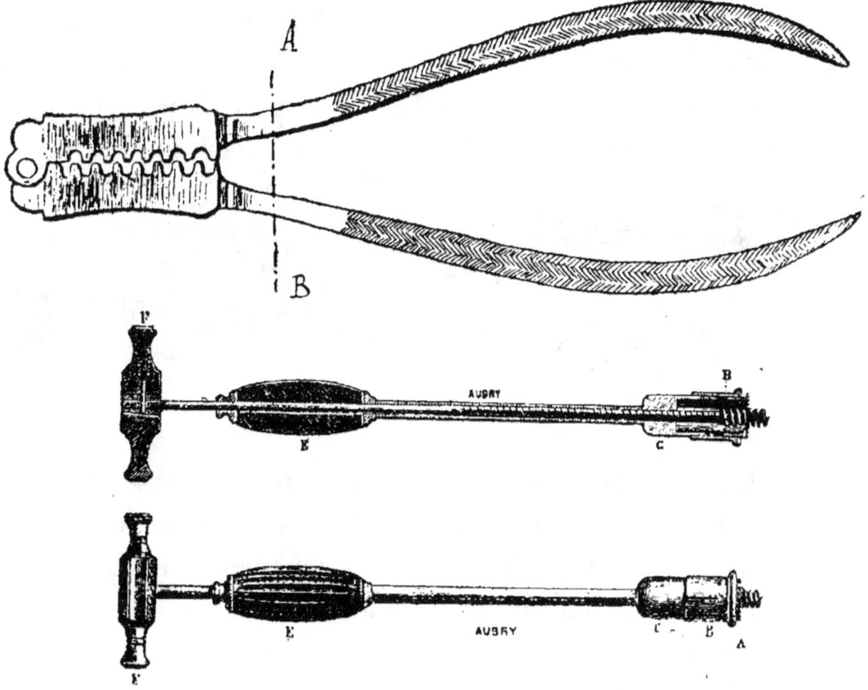

Fig. 5, 6.

l'extrémité du cordon au delà de la ligature. L'instrument est entre les mains de notre excellent ami
le Dr Porak, accoucheur de la Maternité.

Comble de la distraction : notre mauvaise habi-
tude de penser d'abord aux autres nous fit oublier

de mentionner cet instrument dans *l'Arsenal obstétrical.*

Après cet écraseur obstétrical, vinrent *l'angio-
tribe*, puis *l'omphalotribe* de Porak, masticateurs
perfectionnés.

Craniotome-trépan. — En 1879, pour la première
fois, nous eûmes l'occasion de perforer un crâne

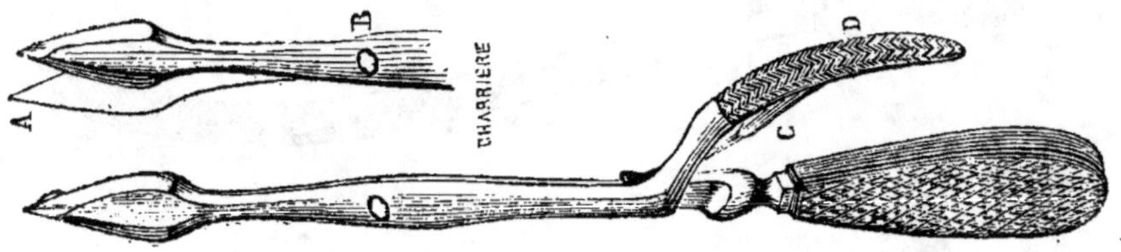

Fig. 7.

fœtal, afin de l'aider à franchir un rétrécissement
prononcé du bassin, à l'aide des *Ciseaux* en fer de
lance de Smellie (fig. 7). Les accidents auxquels
expose cet instrument (glissement de la pointe, per-
foration du péritoine), nous firent confier à M. Aubry
la fabrication d'un perforateur du crâne de tout repos
(fig. 6).

Il se compose d'une tige cylindrique creuse, terminée par un manche vertical, à une extrémité, et,
à l'autre, par une couronne de trépan, munie d'un
curseur mobile ou manchon protecteur du vagin.
Au centre de la tige creuse glisse une tige pleine, en

pas de vis, terminée, d'un côté, par un manche
horizontal et, de l'autre, par une pointe en tire-bou-
chon, destinée à fixer cette tige interne sur le crâne
fœtal, puis à servir de conducteur automatique à la
couronne du trépan.

Cet appareil fut présenté à la société de Chirur-
gie par le Dr CHAMPIONNIÈRE, en mai 1881. Nous
l'avons appliqué plusieurs fois très facilement et en
toute sécurité pour la mère. Nous n'oublions jamais,
quoique incrédule, entouré des parentes et voisines
agenouillées, de faire précéder le sacrifice humain
du baptême utérin, à l'aide d'un injecteur quel-
conque, — voire une seringue à bestiaux, — qui
nous tombait sous la main, en prononçant, avec
le plus grand sérieux dans l'accomplissement de
notre double fonction de médecin du corps et de
l'âme, les paroles sacramentelles : « Enfant, si tu es
vivant, je te baptise au nom du père, du fils et du
saint esprit ! »

FAUTEUIL MÉDICAL. — L'ancien fauteuil à speculum
présentant trop d'inconvénients, nous en avons ima-
giné un plus léger, moins encombrant, sans méca-
nisme et meilleur marché.

Il se compose : 1° d'un siège mobile que l'opéra-
teur pose sur les rainures du bras du fauteuil, siège
muni d'une tablette médiane à coulisse et de deux

étriers sur les côtés ; 2° d'un dossier à charnière ;
3° d'un large banc sur lequel monte la patiente et
qui, mis de champ, sert de siège improvisé à l'opé-

Fig. 8, 9.

rateur. Mais, la mode aidant et la malchance des
Atrides nous poursuivant sans cesse, les tables à
examen et à opérations remplacèrent les fauteuils
à speculum. Le nôtre, en chêne sculpté, style Renaissance, avait au surplus l'avantage de ne pas décéler

son usage et de servir de meuble élégant et original :
il joignait l'utile à l'agréable.

AUTO-PANSEUR POUR MALADIES DES FEMMES (1896).

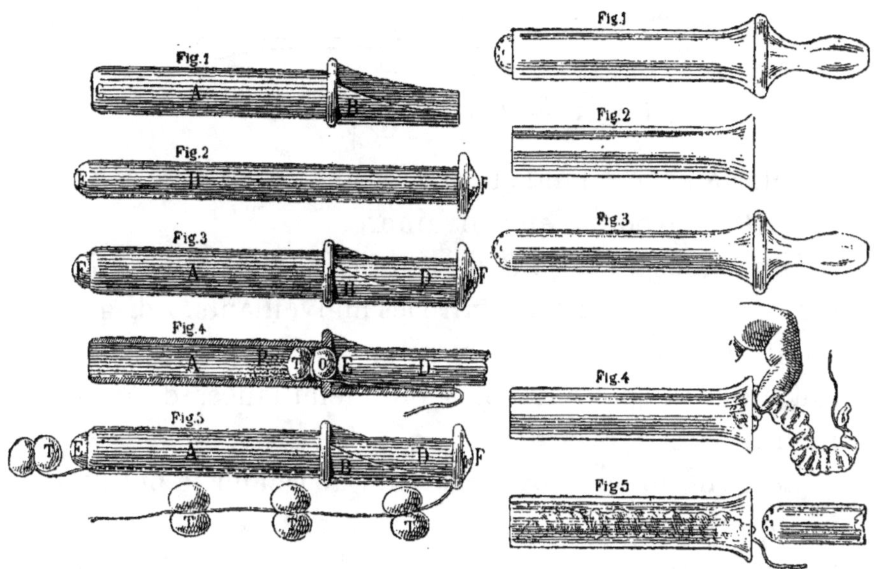

Fig. 10, 11. — Auto-panseur en buis et panseur injecteur
en verre Witkowski.

— Ceux qui s'intéressent aux choses oiseuses pourront se reporter à la polémique soulevée, il y a vingt ans, dans un organe génito-urinaire, par un jeune spécialiste de maladies de femmes, qui poussa des cris d'empalé à l'apparition de notre auto-panseur, en nous accusant d'avoir contrefait son *panseur* vaginal, lequel est la copie du *porte-topique* du docteur Dibot (fig. 12[1]), tandis que le nôtre ne ressemble en rien à celui du protestataire. Il suffit

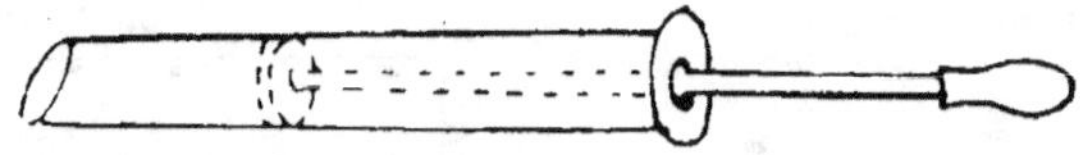

Fig. 12. — Porte-topique Dibot.

de jeter un coup d'œil sur les dessins de ces appareils (fig. 10, 12) pour s'en convaincre.

Nous nous garderons de reprendre ce débat fastidieux, mais « pour faire taire les malveillants, » disait Sainte-Beuve, nous relèverons quelques inexactitudes dues apparemment à des défaillances de mémoire.

Le gynécologue précité oublia de relater le but de notre première entrevue : nous étions venu lui proposer, après avoir signalé les différences de nos appareils, de nous en rapporter à la décision d'un arbitre de son choix. Proposition loyale tout à son avantage : il n'a pas jugé convenable d'y donner suite. Abstention que certains attribueront à la crainte d'une défaite. Certes, l'appareil Dibot devait lui donner à réfléchir.

1. Cet appareil figure à côté du nôtre et d'autres, tirés de notre collection documentaire, dans les vitrines du musée de la *Société de l'Histoire de la Médecine.*

A une seconde visite, notre accusateur se targuant, dans sa circulaire[1], d'être le Christophe COLOMB du *panseur* intime des femmes, alors qu'il n'en était que l'AMÉRIC VESPUCE, au *n* ième degré, malgré la boutade d'Alfred de Musset : « Il faut être ignorant comme un maître d'école pour s'imaginer faire du nouveau, car c'est imiter quelqu'un que de planter des choux » et malgré la réflexion de CHAUCER au XIVe siècle : « Il n'y a de nouveau que ce qui a vieilli », nous allions apprendre à ce spécialiste que les *auto-panseurs* — sans compter ceux des spéculateurs du speculum[2] — étaient légion, tels : le *pulviphore* de LAFORGUE, le *pyxide* de GARIEL, le porte-

---

1. BEAUMARCHAIS a pu dire de la calomnie[a] ce que BACON appliquait à la jactance : « Vante-toi hardiment, il en reste toujours quelque chose. » (*Traité de la dignité des sciences*, liv. VIII, ch. II, (1623).

(a). « Va, calomnie hardiment, il en reste toujours quelque chose. »

2. Aux gynécologistes de tout ordre, ne peut-on appliquer, sans arrière-pensée, l'épigramme à l'adresse de l'accoucheur Julien CLÉMENT qui tira sa fortune de l'endroit où tant d'autres la perdent avec leur santé :

> *Quas bona pars hominum muliebri condit in antro*
> *Ex illo Clemens eruit unus opes ?*

Traduisons pour les « Médecins humanistes » : (Ces richesses que la plupart des hommes enfouissent dans l'ouverture naturelle, Clément les en retire pour lui seul). Qu'avons-nous fait là, bon

topique de Delisle, le projecteur de Gübler, le *speculum insufflateur* de A. Fabre, *etc.*, en lui mettant sous les yeux plusieurs de ces appareils qui lui permirent de constater que son *panseur* était le « sosie » intégral du *porte-topique* de Dibot. Tels étaient les buts réels de nos deux courtoises visites.

Dans une phrase de ce plaidoyer fielleux, nous relevons deux affirmations contraires à la vérité et au bon sens, l'évidence éclate sous les yeux : « Je tiens de sa bouche même, narre-t-il, quand il est venu s'excuser(!) chez moi, que ses appareils ne résistent pas à l'eau bouillante.... » Comment pouvions-nous nous « excuser » de quoi que ce soit, puisque le larcin était de son côté? Nous ne reviendrons pas sur l'objet de notre intervention.

Quant à l'effet désastreux de l'eau bouillante, est-il logiquement possible de nous attribuer une sottise de ce calibre, quand nul n'ignore que le buis — mieux que tous les autres bois — résiste à l'eau bouillante? Est-ce que les couverts en buis de la salade ne supportent pas le contact de l'eau de vaisselle? Ce que nous avons dit et qui a été dénaturé, à

Dieu! Nous venons encore d'employer deux mots « ouverture naturelle, » appartenant, paraît-il, au spécialiste préopinant, qui nous a reproché de les avoir plagiés dans son prospectus : plagiaire récidiviste! Brrr! *Horresco referens.*

l'instar des propos colportés par le sexe perfide, c'est
que l'eau bouillante a l'inconvénient — négligeable
en l'espèce — d'altérer le *vernis* de cet appareil à
pansement qui ne saurait être un bibelot d'étagère :
question d'esthétique sans importance. Certes, la
devise de notre confrère n'est pas celle que J.-J. Rous-
seau tira de Juvénal : *Vitam impendere vero.*

Passons à une autre contestation aussi peu fondée.
Ce spécialiste des maladies du sexe qui voit tout à
l'envers — les feuilles surtout — constate que notre
prospectus porte en note : *Breveté dans tous les Etats
d'Europe et d'Amérique.* C'est exact au point de vue
typographique et à tort en fait, puisque le brevet n'a
pas été pris ainsi que nous le reconnaissions, de
bonne foi, dans notre riposte à la protestation, publiée
par l'organe génito-urinaire déjà mentionné. Nous
signalions, alors, parmi les différences de nos appareils, que « son panseur était breveté, tandis que le
nôtre ne l'était point. » Notre censeur « sans pitié, »
comme le gendarme de Courteline, releva triompha-
lement cette contradiction apparente, qui vaut une
brève explication. « Qui veut-il tromper? » clame-t-il.
« Lors de sa première visite, il m'a offert de lui rembourser les frais de son brevet, moyennant quoi il
me promettait d'abandonner son appareil. » Autant
de mots, autant de confusions flagrantes. Notre

confrère a pris son désir pour la réalité. Passe encore
si, n'attachant aucune importance à cet instrument
de discorde, nous avions proposé de le lui abandonner contre remboursement des frais de fabrication et de prospectus (et c'est sans doute ce qui a
été proposé pour éviter des histoires) mais nous
n'avons pu lui faire l'offre dont il parle, pour l'ex-
cellente raison, comme encore une fois nous l'avons
reconnu loyalement dans notre réponse imprimée,
que l'appareil n'était pas breveté. Comment dès lors
lui aurions-nous demandé de rembourser des « frais
de brevet, » dont nous n'aurions pu lui montrer le
parchemin?

Avant la mise en vente, notre dépositaire, M. GA-
LANTE, nous avait conseillé de prendre un brevet, ce
qui explique l'avis prématuré du prospectus. Mais,
à la réflexion et n'étant pas homme d'argent, cette
formalité mercantile est restée à l'état de projet. Les
prospectus distribués par la poste ne pouvaient gêner
que les contrefacteurs exotiques ou autres. Au surplus, nous déclarons, une fois pour toutes, que l'appareil est tombé, de notre gré, dans le domaine public;
il est à la disposition de quiconque désire l'exploiter,
gratis pro Deo.

Comme tout esprit impartial peut le voir, dans
cette querelle d'allemand, il n'y a pas de quoi fouetter

un chat. Or, ce spécialiste, au caractère processif, qui, dans le cours de cette polémique fit brandir le glaive de la justice, découvrit en l'espèce un délit épouvantable, que nous vous donnons en mille : une « USURPATION DE TITRE ? » Oui, ma chère ! *Risum teneatis !* Pour le mot de la fin, cédons la parole à l'*Ecclésiaste* : *Vanitas vanitatum et omnia vanitas.*

P.-S. — Nous allions oublier de relever une perle... noire, sertie dans une riposte que nous laissâmes sans réponse, pour ne pas éterniser ce débat futil. Il s'agit d'un membre de phrase à allure aggressive : « Moins heureux que lui à mes débuts, écrit-il, ni riche ni étranger ni rastaquouère (et je le préviens que je ne dis pas cela pour lui).... » En quel cas notre contradicteur eût dû laisser dans son encrier cette réflexion, contraire à l'urbanité déontologique. Tout de même, ce gynécologue n'était pas plus documenté sur nous que sur les auto-panseurs, dont il se croyait le précurseur. Nous, non plus, nous ne sommes « ni riche ni étranger ni rastasquouère. » Nous avons passé plusieurs fois à côté de la fortune et l'avons dédaignée, lui préférant notre indépendance qui est sans prix à nos yeux. Nous ne sommes ni « étranger » ni métèque, puisque né en France, fils d'une mère française et d'un martyr polonais ; mais naturalisé pour la forme, nous fîmes notre devoir

effectif aux avant-postes, pendant la guerre de 70-71,
en qualité de médecin aide-major du 182ᵉ bataillon de
marche, grade obtenu après épreuves subies au Val-
de-Grâce. Nous ajouterons que nous nous sommes
vivement opposé à ce que notre commandant RAY-
MOND nous porte seul, après la guerre, sur la liste des
décorations, alors que le bataillon tout entier avait
fait son devoir. Il est vrai que nous avions été obligé
à une double besogne : notre service et celui du
médecin major, notre ami LANGRONE, atteint d'ataxie
locomotrice.

Quant à « rastaquouère, » qui effectivement ne peut
s'appliquer à nous, dont on connaît « les moyens
d'existence, » c'est ce que l'on appelle en bon fran-
çais : « cracher en l'air. » Cette fois, il nous semble,
la cause est étendue, comme on dit au Palais, si
souvent invoqué par notre adversaire féroce, pour ne
pas dire « rosse. »

ULTIMA VERBA. — Nous sommes partisan de la
crémation, non pas par singularité, taquinerie ou
protestation antireligieuse ; mais, d'abord, parce que
cela est plus propre, plus expéditif et plus hygié-
nique que la putréfaction à laquelle est vouée la
gent moutonnière ; ensuite, toute notre vie nous
avons été très sensible au froid, tandis que notre
confrère, le poète Gaspard BARLOEUS croyait, au

contraire, assure Tissot, que son corps était de beurre et fuyait le feu avec soin.

La chaleur, un peu vive peut-être du four crématoire, — le vestibule des enfers où nous espérons nous réchauffer à loisir, — nous séduit et nous attire.

Par surcroît, ce choix aurait l'avantage de justifier l'expression consacrée : *Feu* Witkowski, qu'emploieront les Zoïles qui continueront à casser du sucre sur notre tête, sans crainte de représailles.

Que si, en raison d'une mort volontaire, les chinoiseries clérico-administratives de la R. F. empêchent de nous accorder le *dignus intrare* au four municipal, il se pourrait que nous partions, en colis postal recommandé, pour le four royal de Turin, plus hospitalier et libéral, quoique monarchique, ou que nous imitions Empédocle, incinéré par l'Etna, en chargeant le Vésuve de nous rendre le même office. Ce ne serait certes pas une fin banale ; on la citerait à côté de l'idée d'Alcibiade qui coupa la queue à son chien pour faire parler de lui et à côté de la jérémiade de l'auteur d'un prospectus se plaignant, dans le même but apparemment, de quatre mots plagiés !

Irons-nous au devant de la camarde ou attendrons-nous sa visite ? *That is the question*. Si nous perdons le libre arbitre, la vue ou le mouvement, adieu

la mauvaise compagnie. Autrement, nous suivrons
l'exemple de Maynard qui traça ce quatrain sur la
porte de son cabinet :

> Las d'espérer et de me plaindre
> Des Grands, de l'Amour et du Sort,
> J'attends patiemment la Mort
> Sans la désirer ni la craindre.

A la face antérieure de notre urne, on gravera
cette inscription de l'Arioste, que l'on pouvait lire
à la façade de sa maison de Ferrare : *Parva sed
apta mihi.* On réservera au couvercle cette épitaphe
lapidaire :

G.-J. W.

1844-1917

> Ci-gît un pauvre vieux docteur
> Qui n'inspira que de l'envie;
> Et ce n'est qu'en perdant la vie
> Qu'il trouva le parfait bonheur[1].

---

1. Pour ne pas être à nouveau accusé de plagiat, en la bonne
compagnie de Corneille, Racine, Molière, Anatole France, *etc.*,
etc., par de sévères censeurs monopolisateurs (qui ont oublié de
dénoncer qu'auto-*panseur* était une audacieuse usurpation du
nom donné, par Michel-Ange, à sa célèbre statue, dite le *Pen-
seur*), rappelons qu'Epicure mourut de rétention d'urine dans
un bain, pendant qu'il écrivait à Idoménée une lettre commen-
çant ainsi : « Je vous écrivais au plus heureux jour de ma vie,
puisque c'était le dernier.... » *Nil novi.*

Enfin, en arrière de notre dernier logement, on accrochera cette épitaphe, composée par le prolixe apothicaire Demachy et légèrement modifiée à notre usage personnel :

> Cy dessous gît le plus plat honnête homme,
> Droit, maladroit et le plus gauche en somme :
> Pour obliger, il s'y prenait si mal
> Que, le voyant pressé de satisfaire,
> On eût juré que son but principal,
> Malgré les gens, était de leur déplaire.

Parodie de la *Charité romaine*.

Caricature de l'auteur des *Seins dans l'Histoire*, tirée du *Rictus* (1908).